Obrigado

Tradução para o português: Carmen Pareras
Revisão: Luiz Carlos Segundo
Colaboração editorial: Adriana Toledo de Almeida
Edição: Lidia María Riba

www.livropresente.com

Rua José Felix de Oliveira, 1205 • CEP 06708-645
Bairro Granja Viana • Cotia • São Paulo • Brasil
Tel./Fax: (55-11)4612-2866
e-mail: editoras@livropresente.com.br

ISBN: 978-85-87213-63-1

Impresso na China
Printed in China

Wybranietz, Kristiane
Obrigado / texto e fotografias de Kristiane e Volker Wybranietz;
[tradução para o português Carmen Pareras].
Cotia, S.P.: Vergara & Riba Editoras, 2004. (Coleão Quero lhe dizer...)
Título original: Danke
1ª reimpr. da 1ª ed. de 2004.

ISBN 978-85-87213-63-1

1. Gratidão
2. Literatura alemã
3. Máximas
I. Wybranietz, Volker
II. Título
04-5812 CDD-830
Índices para catálogo sistemático:
1. Gratidão: Máximas: Literatura alemã
830≠

Obrigado

Texto e Fotografias

de Kristiane e Volker Wybranietz

V&R
EDITORAS

Hoje quero lhe presentear uma palavra
de apenas oito letras.
Uma palavra que nasce
desde meu coração.

Obrigado.

Contar com sua ajuda,
poder confiar em você,
receber seu apoio
é uma das coisas
mais valiosas de minha vida.

Obrigado

Não é fácil encontrar alguém
que ofereça ajuda aos demais
de maneira desinteressada,
espontânea, alguém atento
às necessidades do outro.

No entanto...

você está sempre presente
com gestos que sutilmente,
brilham como estrelas de ouro
e me reconciliam com a humanidade.

Brilho

Em algumas ocasiões, sua ajuda
aparece quando menos espero.

Quase como uma surpresa
que a vida me presenteia em um instante
e que faz que o mundo,
por seu intermédio,
se torne muito mais acolhedor.

Surpresa

Compartilhar

De muitas formas,
com palavras,
ações,
você divide comigo
o peso
do que devo suportar,
quando é demasiado
para mim.

Sei, além disso, que sua generosidade
jamais espera que o agradecimento
seja a retribuição ao que você faz
por mim ou pelos outros.

Generosidade

Ninguém vê nunca o rosto
de seu anjo da guarda,

mas intuímos que estes
anjos existem
e que seu poder é milagroso
e essencial para a vida.

Anjo

Existem pessoas que atuam

como nossos anjos,

que nos pegam pela mão,

que solucionam

nossos problemas

cotidianos...

Solução

Raios de luz

Um singelo

muito obrigado

talvez não alcance

em comparação

com a ajuda que recebemos.

Mas, quando o dizemos

sinceramente,

nos enriquece

e, talvez, ilumine

como um raio de luz

o dia dessa pessoa.

PEACE
VREDE
KRIEGE
Frieden
STATT RAKETEN FLIEGEN
VREDE OP AARDE
KRUISRAKETTEN NEE!!
NOOIT WEER
yes?
no!
Peace! Vrede!
YES!
VREDE
KRUISRAKET

Um antigo refrão diz:

"A gratidão
subiu ao céu
e levou a escada consigo".

Céu

Todavía, creio que
você me fez
descobrir

o caminho secreto
para subir até ali.

Silêncio

Quero que você saiba
que, às vezes,
mesmo em silêncio,
à minha maneira
digo:
Obrigado.

De algum modo,
ajudar a alguém é também
descobrir sua debilidade.

Possivelmente por isso
para muitas pessoas
seja difícil agradecer.

Descobrir

Mas você nunca se aproveita

de conhecer esses segredos meus.

Segredos

Como faz bem para a alma
poder atuar
com sinceridade,
autenticamente,
sem necessidade
de representar
nenhum papel.

Entregar-se
sem esperar nada
em troca.

Entrega

Sei que acredita que o que
fez por mim não merece
nenhum prêmio;
sei que parece natural.

Mas isto desperta, ainda mais,
meu agradecimento,
me reconforta
e me anima a prometer
que sempre poderá contar comigo.

Prêmio

Sua companhia, sua compreensão
aliviam inclusive os problemas
que podem parecer impossíveis
de enfrentar a sós.

Companhia

A vida oferece
oportunidades
em momentos
que não se repetem.

Hoje não quero
perder
esta possibilidade
de agradecer-lhe.

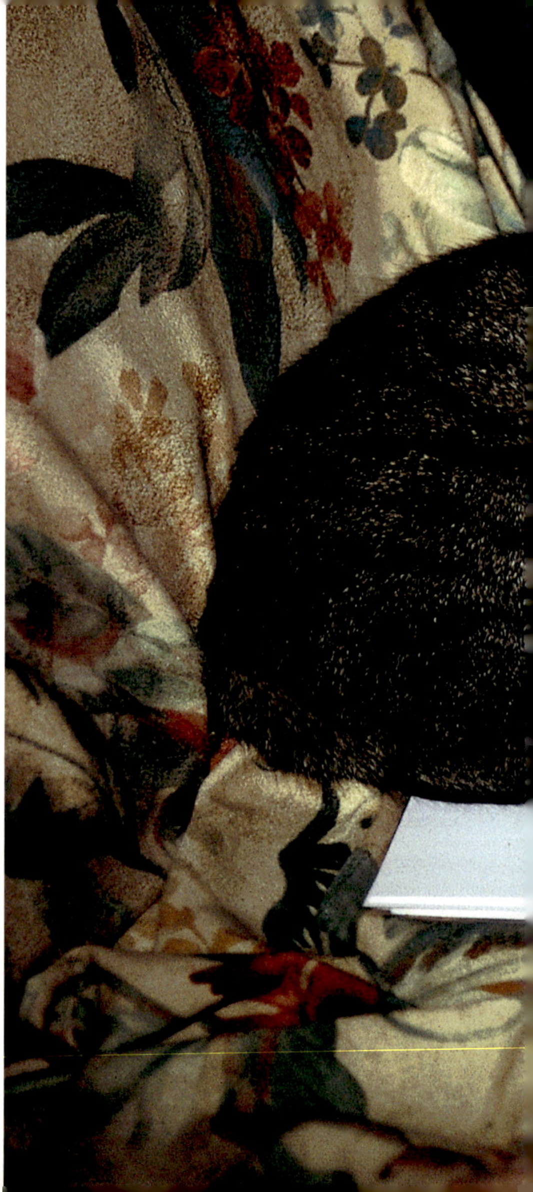

Oportunidade

De coração

Gostaria de poder escrever
com fumaça colorida
no céu:
Obrigado.

Mas creio que as palavras sinceras
quando provém do coração
podem causar um efeito similar.

Existe algo mais nobre
que poder oferecer
e receber ajuda
de amigos, familiares,
inclusive de quem
vive perto de nós?

Juntos

Admiro as pessoas
que, como você,
são capazes de perceber
as necessidades dos outros,
mesmo nesta agitada vida diária.

Admiração

Algo especial

Quando fazem
algo especial pelos outros
não esperam nada
em troca.

A paz do dever cumprido
as brinda com satisfação
suficiente e enriquece-as
espiritualmente.

A certeza de que encontrarei
sua ajuda nas situações
mais difíceis,
me tranquiliza e criou
a base para confiar
não só em você,
mas também em mim
e nos demais.

Confiança

Não temos nada
seguro nem garantido
neste mundo.

Quanto mais vivo,
mais confirmo esta verdade,
e mais comprovo que sempre
necessitarei dos outros.

Por isso, quero agradecer-lhe:
você me estendeu sua mão
e me recordarei disso sempre.

Recordar